Rainer Scherlein

Die Kuh, die in den Spiegel grinst

Frühe Gedichte und Bilder
1971 - 1977

© 2019 Rainer Scherlein

Autor: Rainer Scherlein
Zeichnungen und Gemälde: Rainer Scherlein
Umschlaggestaltung: Rainer Scherlein

Verlag & Druck: tredition GmbH, Halenreie 40-44, 22359 Hamburg

ISBN 978-3-7497-7054-0 (Paperback)
ISBN 978-3-7497-7055-7 (Hardcover)
ISBN 978-3-7497-7056-4 (E-Book)

Bibliographische Information der Deutschen Nationalbibliothek: Die Deutsche Nationalbibliothek verzeichnet diese Publikation in der Deutschen Nationalbibliographie; detaillierte bibliographische Daten sind im Internet über http://dnb.d-nb.de abrufbar.

Für das Korrekturlesen bedanke ich mich sehr herzlich bei Helga.

Rainer Scherlein

Die Kuh, die in den Spiegel grinst

Frühe Gedichte und Bilder
1971 - 1977

Dieses kleine Büchlein ist allen gewidmet, die mich in meiner Jugend wohlwollend begleitet und gefördert haben, meiner Familie und insbesondere meinem damaligen Ortspfarrer Matthäus Schmittlein, auch einige Lehrer und Schulfreunde gehören dazu, unser Jugendgruppenführer im katholischen Jugendverband Gemeinschaften Christlichen Lebens (GCL) sowie einige Jesuiten, die als Präfekten und Direktoren im Internat St. Paul tätig waren.

Allen, die schon heimgegangen sind zu ihrem und unser aller Schöpfer, zum Andenken

VORWORT

Da taucht vor einiger Zeit im Keller unseres Hauses eine seit vielen
Jahren unbeachtete und auch verschollen geglaubte Kiste mit
Reliquien aus meiner Kindheit und Jugend wieder auf. Damit sind
frühe Gedichte, Texte und Theaterstücke gemeint.
Als ich diese nach so vielen Jahren wieder in die Hand nehme,
wird mir klar, wie **AKTUELL** das damals Geschriebene ist. Denn
es ist ein **lauter Ruf zur Umkehr** – weg vom zerstörerischen
Macht- und Gewinndenken hin zu einem lebenscrhaltenden
Zukunftsdenken. **Das ist heute so dringend nötig wie damals!**

Spontan entsteht die Idee, eine Auswahl der Gedichte samt einiger
Bilder aus meiner Schulzeit bis zum Abitur 1977 zusammen zu
stellen und mir selbst zu Weihnachten zu schenken und natürlich
auch denen, die mir verbunden sind und einem größeren Kreis
zugänglich zu machen.

Die Gedichte, Texte und Bilder, die in diesen aufregenden Jahren
entstanden, sind voller Energie (sie ist für den Leser und
Betrachter heute noch zu spüren). Viele setzen sich mit den
politischen Geschehnissen der Siebziger Jahre auseinander, in
denen ich mich als junger Mensch wie viele andere auch als
Spielball der Mächte wahrnahm. Wieder andere malen ein
düsteres Zukunftsbild. In den Antikriegsgedichten hallen noch die
mit eigenen Augen und Ohren erfahrenen Augenzeugenberichte
sowie Bücher und Filme über den ersten und zweiten Weltkrieg
nach. Etliche spiegeln die Gefühle und Schwärmereien eines
Heranwachsenden wider. Mit jugendlichem, unverbogenem
Engagement geschrieben, abwechselnd sarkastisch, skurril oder
humorvoll, zeigen sie eine große Sehnsucht nach Liebe, Leben und
Frieden.
Sie sind ein authentisches Stück Zeitgeschichte mit
prophetischem Charakter.

VORNEWEG ETWAS ZUM SCHMUNZELN

SA – TIERISCHES

Die Kuh, die in den Spiegel grinst
denkt sich: Bin ich ein Hirngespinst?
und rennt mit Schrecken ohne Kopf
dem Metzger in den Suppentopf
worauf die Kuh, oh welche Ehre
füllen kann des Magens Leere

Im Stalle stand ein roter Gaul,
der war zum Fressen viel zu faul
doch weil von roter Farb er war
briet er alsbald im Gasherd gar
im Nu ward aus dem roten Gaul
ein Schlemmermahl fürs Leckermaul

Als ein Reh im Walde lief
bald drauf ein Horn zum Jagen rief
das Rehlein aber gar nicht dumm
sprang einfach um die Jäger rum
leider hat' s dann doch gekracht
an Nachzügler hat `s nicht gedacht

Eine putzig kleine Maus
wollt so gern aufs Land hinaus
schlich in der Nacht sich auf die Strasse
und sucht' den Weg mit ihrer Nase
sie fand auch bald schon eine Rinne
bim, bim, das war die Straßenbahnschiene

Auf der schmalen Hühnerleiter
grinsten zwei, drei Hühner heiter
weil die Frau vom Gockelhahn
heute mal kein Ei bekam
beim Lachen traf sie das Geschick
sie fielen, brachen ihr Genick.

Über einem kleinen Weiher
kreiste stolz ein Pleitegeier
guckt' sich scharf die Gegend an
bis er ganz in Luftnot kam
im Sturz noch fing er an zu beten
am Boden dann verklang sein Reden.   (ca. 1972)

DER RUF NACH FRIEDEN

FRIEDEN

Frieden in den Herzen
Frieden überm Land
doch wohin ich kam
ich keinen Frieden fand

Frieden in den Ästen
Frieden in den Zweigen
denn solche, die sich mästen
keine Unruh leiden

Frieden hinterm Haus
Frieden unterm Bett
alle, die hier ein und aus
(arsch-) grinsen furchtbar nett

Frieden zwischen Stacheldraht
Frieden unterm Gras
jedes Lüftchen, das sich naht
macht sich die Hosen naß

Frieden in den Herzen
Frieden....

AUCH NACH MIR

mir kommt ein Wort
das euch vom Frieden singt
es schwindet wieder fort
ohn' daß es Früchte bringt
so geht es weiter bis in Ewigkeit
ein jeder Friede stirbt an Menschlichkeit

WIR LIEBEN

Wir lieben die Amis
   -   in den USA
wir lieben die Russen
   -   in Russland
wir lieben Siemens
   -   als Steckdosenhersteller
wir lieben Atomwaffen
   -   in Geschichtsbüchern
wir lieben die Manager der Multis
   -   im vorzeitigen Ruhestand
wir lieben die Mächtigen
   -   in psychiatrischer Behandlung
wir lieben die Reichen
   -   auf der Wartebank im Arbeitsamt

JESUS FLIEGT MIT

im Bomber nach Hanoi

im Fahrwerk, damit es ausfährt
im Triebwerk, damit es nicht ausfällt
im Treibstofftank, damit der Sprit reicht
im Navigationssystem, daß es den Weg sicher
zurückfindet
im Cockpit, um die Nerven zu behalten
im Bombenschacht, um die Bomben
 zu lenken
 daneben zu lenken
dann trifft eine Bombe
ein Krankenhaus
aber Jesus hat so viel zu tun
es gibt viele Bomber
  viel zu viele.

MENSCH GOTT,

was haben sie aus dir gemacht ?
sie haben dir die Kleider vom Leib gerissen
und dich aufs Kreuz gelegt
danach haben sie dich in ein Bordell gesteckt
für ein paar Mark dürfen sie alles mit dir machen
die Theologen quetschen dich am liebsten in Dogmen
und Bücher
du kannst dich nicht wehren
die Oligarchen der Staaten schnitzen aus dir einen
Knüppel
mit dem Atomkraftgegner und Pazifisten
niedergeschlagen werden
und dem Volk aufs Maul gehauen wird
du hast dich noch nie wehren können
das Bordell gehört zu einem großen Multi
und ab und zu karrt er dich in einem Jet um die Welt
damit du von oben besser segnen kannst
den Reichtum der Frommen
das Almosen für die Dummen
den Tod der Nutzlosen, Unbequemen
du kannst dich wieder nicht wehren
und wenn sie dich als Kühlerhaubenfigur
auf einen Bischofsschlitten montieren
und damit in die Kasernen fahren
zur Chorprobe fürs Jüngste Gericht
du bist – wehrlos

Jetzt versteh ich auch, warum sie den Jesus so gut
festgenagelt haben: Damit er all denen
die den Mund voll Liebe und die Hände voll Blut haben
nicht ins Gesicht springt

HEUTE NACHT

verbeißt sich das Gitter über der Stadt
sein fauler Atem bräunt die Zahnpastaplakate
wenn die Gastarbeiter den Gehsteig
längst glatt geleckt haben
schleimen Schatten um die Fenster
der zweite Kanal bringt Farbstoff für Blinde
aus jedem Radio fällt einen Stille an
und alle Menschen tanzen auf den Strassen
nach dieser Melodie
sie läßt sie träumen
und nach dem Betthupferl schnarchen sie
dem nächsthöheren Monatslohn entgegen
um dafür fit zu bleiben
trimmen sie sich fett durch Fahrradfahren
die Scheißhäuser werden zu Energie
die Klopapieraktien reiten nach Texas
dafür steigt der Bedarf
an Hautkrem, Hämorrhidenpflaster

DAS NABELZWITSCHERN

nachts hab ich Nabelzwitschern
es zwitschert zwischen dem
zweiten Zwölffingerdarmzwickel
und dem Zwischenglied
und zwickt zwischen
zehn und zwölf
während der Geisterstunde
macht mein Nabelzwitschern Zwitscherpause
aber auch ohne diese Pause
habe ich Grund genug, mich über mein
Nabelzwitschern zu wundern
dabei bin ich ein anständiger Mensch
gebe niemals Anlaß zu Tadel und Streit
gehe pünktlich auf die Arbeit
grüße immer freundlich den Chef
obwohl der über mich hinweg sieht
als sei ich Luft
aber eigentlich bin ich ja Luft
Luft, die andere ein und ausatmen
ich löffle artig meine Suppe aus
die andere mir eingebrockt haben
und schaue mir abends im Fernsehen
von Deutschen geschissene (Pardon)
Shows, Geschichten und Probleme an
die keine sind, mit denen man uns aber
rührigerweise von den wichtigen
und dringenden Problemen

fernhält
und ich glaube an die Nachrichten
mit denen wir Fußvolk, Sklaven, Todeskandidaten
gemästet werden
ich glaube alles, was größere Köpfe mir
vorpredigen, weil ich überzeugt bin, sie
wollen das Beste für mich und die anderen
ich glaube noch an die Wahrhaftigkeit
das Gute im Menschen
ich will daran glauben, denn etwas anderes
bleibt mir nicht übrig
wenn ich in dem Schlachthof, in dem es so
wohlig warm ist, bis zur Begegnung mit dem
Schußapparat so angenehm wie möglich
leben will
aber ich will nicht an die Existenz
von Metzgern glauben
selbst wenn ich schon im Schlachthof bin
hier ist doch alles so ordentlich und weiß
und blitzblank rein !
hier können keine Mörder sein !
und die Männer da vorn in den weißen Westen ?
ach ja, die, die kenne ich schon lange
die haben uns schon gehütet, als unsere
Schafherde noch auf satten Wiesen weidete
statt in Mastboxen
(im Erzählton:)
und wie die Schafe mit den größten Schafsköpfen
(die auch schon für ein Fischtötungsmittel

mit Schaumeffekt im Werbefernsehen aufgetreten
waren)
die altbekannten Hirten sahen, stürzten
sie auf sie los.
Voll Freude über das Wiedersehen
und trotz der warnenden Stimmen, die daran
erinnerten,
wie diese Hirten damals den
Wölfen ein Schaf nach dem anderen verkauft hatten.
„Was interessieren uns die Schafe, die damals von den
Wölfen gefressen wurden? Wir warens nicht und
das ist doch die Hauptsache. Wir leben doch (noch !)
und wie gut wir das tun! Wem haben wir das alles
zu verdanken? Doch nur den Hirten da vorn!
(Erzählton Ende)
so läuft also die ganze Herde den größten
Schafsköpfen nach – in die Schlachtschüssel...

das träum ich nun schon jeden Tag
seit über einer Million Jahren
und da fragst du mich,
woher ich das Nabelzwitschern habe ?...

MEIN DEUTSCHER TEXT ZU „BRIDGE OVER TROUBLED WATER"

Nimm dein Schwert zur Hand
geh zum Schmied
der dir daraus den Pflug zum Pflügen biegt
und du, Gott, gib, daß auch das Korn gedeiht
in das man Flinten wirft
… und der Weg übers dunkle Wasser
der führt mich zu dir
ja, der Weg…

Wenn du müde bist und allein
und niemand will dein Bruder sein
dann komm zu mir
der dir die Hände gibt
und dich von Herzen liebt
denn du bist doch mein Weg auf Erden
bist mein Weg ins Glück…
denn du bist…

FREI WIE DER WIND

und klar die Seele
wir sind die Kinder EINER LIEBE
und einen Frieden saugen wir an ihrer Brust
so lachen wir und wandern glücklich
heim

R. Scherlein

WIDER DIE ZERSTÖRER VON
NATUR UND MENSCH

DIE BONZEN

drehn sich im Kreis herum
das Kleinvolk schaut ganz scheu und dumm
unterm Dreck, da blüht der Flieder
das Kapital hüpft auf und nieder
im Halse stecken schlimme Wörter
denn wo ich hinschau, seh ich Mörder   (1973)

DAS GIFT

steht in den Strassen
hundert Eimer hoch
man braucht uns nicht mehr zu vergasen
und andre schaufeln uns das Loch
Schornsteinriesen säubern alles Land
so gründlich wie's die Generäle
nicht einmal von Gott erflehten
Atombrand spart selbst Aschenurnen
und nimmt die Arbeit ab fürs Beten

LIEBEN

und geliebt zu werden
ist mancher Menschen Glück
doch schießen
und erschossen werden
heißt vieler Mißgeschick

WIR DOSENKINDER

Statt von Mutters Brust
mit Coca-Cola aufgezogen
hint' und vorne fadenstrich belogen
vergaßen, was vergasen ist
die Naziakten schlummern gut
und wohlgeordnet
unter neuem Mist
nur stinken tut es immer noch
oder schon wieder - ?
aus jedem A....beamtenloch
und riechen werden wir es weiterhin
bis uns das Computerhirn
auch offiziell zu Löchern macht
die wir schon lange sind

HURRA ! DER CIRCUS IST IM LAND !

grabt tiefer, grabt schneller, grabt weiter !
die Affen purzeln durch die Stadt
los ! Tiefer, schneller, weiter !
die einen lachen und stecken andre an
lacht lauter, lacht frecher, lacht böser !
schlagen vor Vergnügen
an die Lenden ihrer Frauen
los ! Lauter, frecher, böser !
HURRA ! Die Affen regieren die Stadt !

JUDAS ISCHARIOT

(Einige Erklärungen zur Lautumschrift des in Frenggisch,
genauer gesagt in Neikerngerisch verfassten Gedichtes:
æ ist ein typischer frenggischer Laut, er wird kurz mit
dreiviertel offenem Mund gestoßen ähnlich dem englischen
„a" in „a girl", å ist ein Zwischenlaut zwischen a und o, er
wird ebenfalls kurz und etwas verhalten ausgesprochen wie
in åbbæ = aber, ll ist ein weiterer typischer frenggischer
Laut, der folgendermaßen gebildet wird: Die Zunge schiebt
die Unterlippe bei halb geöffnetem Mund leicht vor, dabei
wird die Luft ausgestoßen wie z. B. in mallæddæ oder
mallærræ = schon immer)

Du hosd deß aanzi richdi gmachd
du hosdnænn ohzeichd
den Kerl
den Hausbesetzæ, Bazifißdn
den Hungæleidæ, Dærrorisdn
allzo, wenn iich domolz glæbbd hedd
ich wææ aa noogangæ
zum Verfassungsschutz

Do khennd ja jedæ kummæ
und wos geechæn Strauß soong
und auf di Rechierung schimpfm
die Schleimscheißæ senn neddie Libbæråhln
deßsenn söddæ, di wu den Schdrohm
aus dæ Schdeggdohsn nemmæ
obbæ geechæ Adomkraftwergæ senn

31

Weæ hoddnoch Daidschland so groß gmachd?
deß woæn doch di Undænehmæ, di Großkopfædn!
und do kummæd edz deæ Longhååædæ
midsein dreggædn Boæd
und mideræ ganzn Schlassn
laudæ Huæn, Doochdieb und æ boæ bleedæ
Bauændrambl ausn Bairischn Wold
di wu auf sei Schbrüch neigfalln senn
do kummæd deæ doheæ undääd di glann Leid dæzylln
daßdæ Herrgodd auf ymmæn ihræ Seidn steed.

Do khædd doch glei neikhaud, daß di Fetzn fliehng!

DAS SCHWEIGEN

Das Schweigen reitet durch den Wald
            kein Wort, kein Schrei
der durch die finstern Wipfel hallt
und doch dringt Rauschen bis zum Himmel
            aus Angst, aus Angst
vor jenem lautenlosen Geisterschimmel
auf dessen Rücken ausgebreitet
das Schweigen in die Weite reitet

GABEN GIB GEGEBEN

haben Hieb! daneben
schießen Schuß gesessen
laben lieb gefressen

Katz Schatz mausen
Liebe? Luft? – draußen!

DER GEILE ROEMISCHE ADLER TEUTSSCHER NAZION

34

SELIGPREISUNGEN

gut ist
wer für Recht und Ordnung sorgt
auf Kinder schiessen läßt
und Panzer segnet
die richtige Partei gewählt hat
und überhaupt
im Kirchenchor gesungen
die Messe stets besucht
und ab und zu sein Zehnerl klingen lassen hat
der mag sich glücklich preisen
der nie Hungerschreie hört
und die Dreimonatskinder
die im Abfalleimer eingehn
selig die, die davon übrigbleiben
und irgendwann wohl irgendwo
im Gas verschwinden
von Strahlen aufgesogen werden
ihrer ist das Himmelreich
auf Erden ist kein Platz für sie - ?

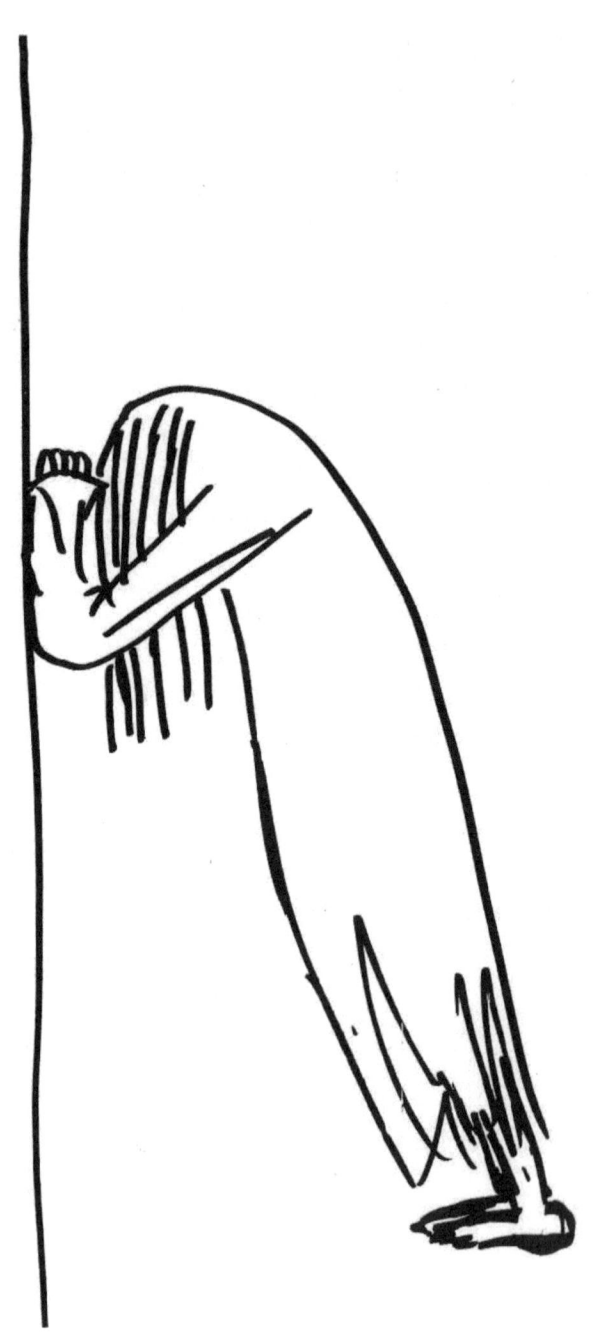

SCHÖPFUNG

Am Anfang schuf Gott Himmel und Erde
Er hat nicht gesagt
das Gold habe ich für die Diademe der Könige gemacht
die Rohstoffe sind für die Ingenieure
die Tiere gehören um die Köpfe und Schultern der
Reichen
und der Hunger ist für die Kinder in Mali und
Obervolta
davon habe ich im Schöpfungsbericht nichts gelesen
da steht nur
nehmt die Erde in eure Verantwortung
er hat auch nicht gesagt
baut möglichst viele tausend Raketen mit
Mehrfachsprengköpfen
und Panzer zum Tauchen
und feuerspeiende Bleigänse
und tickende Betoneier
er hat nur gesagt
wachset und mehret euch

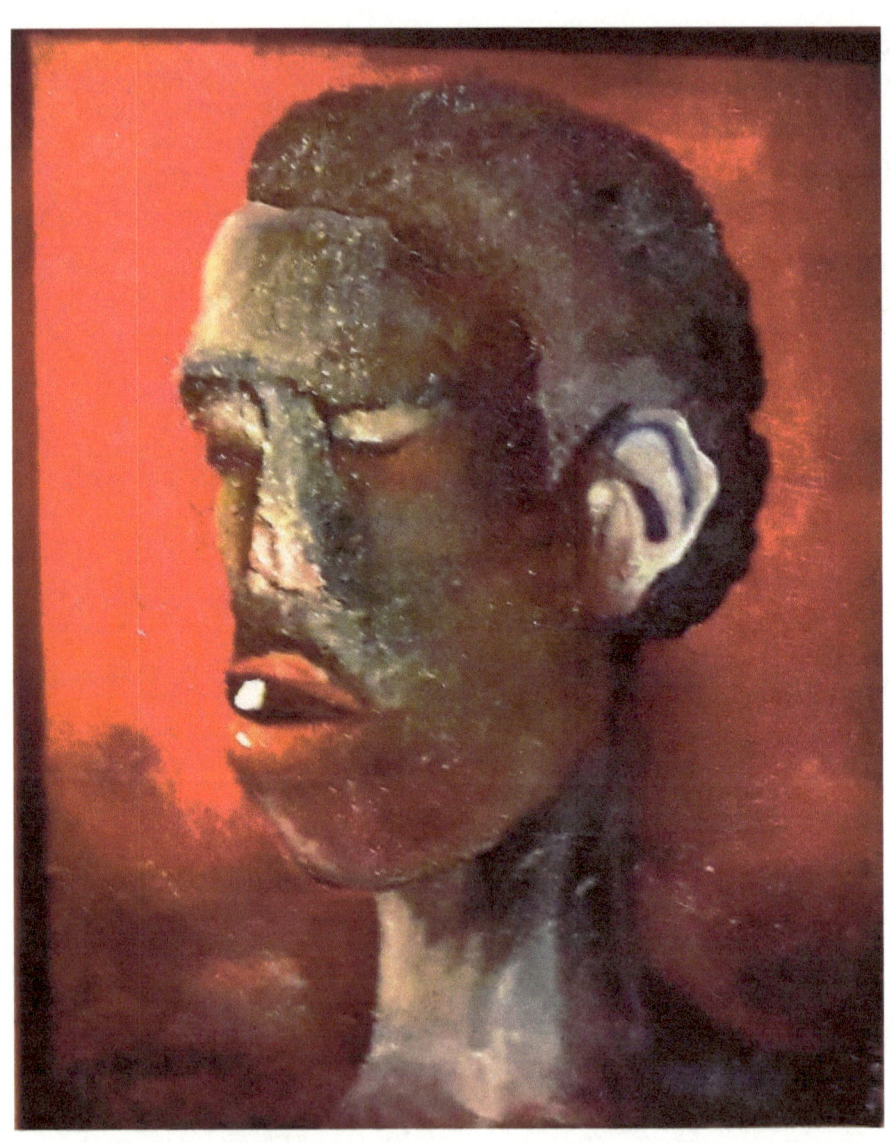

38

LASS AB VON RAUM UND ZEIT

Komm mit, wir ziehn ins Leben !
Statt Sorge, Not und Leid
wolln wir dir Freude geben !

Steig ein zu uns, die wir
auf Erden niemals glücklich sind
dann bist du bald wie wir
im andern Land ein Blumenkind

Stoß ab mit uns, vergiß
die Wünsche dort auf Erden
wie oft die Angst dein Herz zerriß
denn Friede soll nun werden.

Werf über Bord, was voller Lust
versenk das Wörtlein Eitelkeit
zerreiße, was da heißt: du mußt
und pfeife auf der Götter Neid.

Laß das zurück, was früher war
denk an das heut und morgen
dann wird dir all das offenbar
was den Großen bleibt verborgen

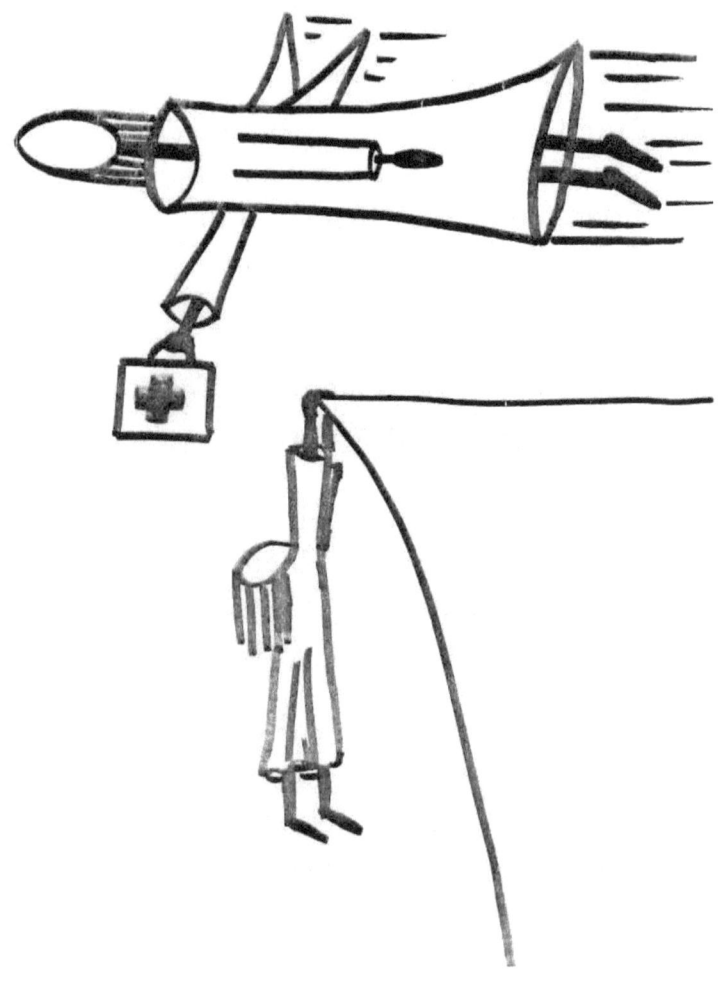

DIE BOMBEN FIELEN

grüner Sand auf düstrer Erde
der weite Himmel grau und braun
nicht Leben sah ich, nur noch Tote
Gebäudefetzen stehn im Raum

kein grüner Wald, nicht Rosen blühen
die Bäche kochen glitzernd gelb
und über schwarzverkohlte Hügel ziehen
Schwefelschwaden durch die Welt

Mensch, was bist du für ein Wesen,
mordest deine Brüder hin
um selber dann mit zu verwesen
sag, hat dein Leben einen Sinn ?

WO MORD PRÄMIERT,

die Freiheit des Menschen
mit Füssen getreten
der Mensch zum Tier, noch schlimmer wird,
dort fliegen weiße Tauben...
aber ihre Augen sind rot von den ungezählten Tränen
die Flügel lahm von tausend Fluchtversuchen

die Füsse wund von den Ketten
die Schnäbel abgebrochen mit dem Radiergummi
und dort, wo euer Hirn ist, wollen sie
ein Parteibuch
und wo jetzt noch euer Herz schlägt
schreiben sie im Fünfjahresplan
Schußanlagen vor

OB KLEIN, OB GROSS

am Ende sind sie alles los
was von dem Häuflein,
das im Licht der Wahrheit dann verbrennt,
noch übrigbleibt,
das ist der Flugschein für die Ewigkeit

43

FRÖHLICHE WEIN-NACHT ÜBERALL

Fröhliche Weinnacht überall
mit Plastikpanzern, Handgranaten
laßt nur den Braten gut geraten
der Bauch ist voll, weit ist der Stall

Fröhliche Weinnacht überall
die Kasse lacht im Takt der Werbung
niemand merkt des Kindes Färbung
das rosa Fleisch wird langsam fahl

Fröhliche Weinnacht überall
in Irland stirbt das Christuskind
nur gut, daß wir in Deutschland sind
und alles klatscht beim Glockenschall

HERBST ?

Wenn weiße Schleier uns die Weite rauben
wenn wir der Sonne nicht mehr glauben
wenn sich die Bäume blutig färben
dann scheint es Herbst zu werden

Wo noch vor Tagen Kinder spielten
wo Blumen sich für uns verblühten
wo uns die Lerche Lieder sang
gähnt uns auf einmal Leere an

Was, wenn die Fröste an der Seele nagen
wenn unsre Tränen nur noch für den Abschied taugen
wo, wenn nicht hier soll unser Leben glücken
wenn schon nicht ganz, so doch in Stücken

ÜBER ALLEM RAUM UND ZEIT

thront eine lange Ewigkeit
strebt noch alles so voran
es bleibt ihr dennoch untertan

Im All die Sternenwelt
sie singen nie, sie lachen nie
ihr Schwingen nur erzählt
die Sternenmelodie

Was aus dem Geist geboren
im Kreis ist es vereint
und nicht ein Wasser geht verloren
so „er" auch weint

Das Summen dieser Sterne
von „ihm" dorthin gestellt
vernehmen wir von Ferne
auf unsrer kleinen Welt

Die Melodien der Sterne
-ein Hauch von fahlen Kerzen-
sind Lieder tiefer Wärme
vernehmen nur die Herzen

Das Lied, das an dein Herzen dringt
es singt von tausend Wehen-Schmerzen
und was im Weltall pocht und klingt
ist nur der Schlag von „seinem" Herzen   (1974)

ALTER BAUM

und stehst schon Jahr um Jahr
an deinem Saum
vernarben sich die Spuren jeder Zeit
gleich einem schönen Traum
scheint das, was früher war
des Lebens Raum
bestimmt die Nützlichkeit

NIE WIEDER KRIEG !

LIED ZU EHREN DER SÖHNE VON SPARTA

WANDERER

Wanderer, wenn du vorüber ziehst
halt ein im stillen Gedenken
präg dir gut ein, was du hier siehst
wo wir mit unserm Blut und unsern Tränen
fremden Boden tränken

Geh nicht vorbei wie Bruder Wind
nimm Ehrfurcht an und bleibe stehn!
wenn du nach Sparta kommst, verkünd
du habest uns hier liegen sehn!

So, wie es das Gesetz der Väter uns befahl
fernab der Heimat haben wir ihr Ruhm erworben
die Tapfersten, dreihundert an der Zahl
sind hier den Heldentod gestorben

Hellas zu schützen zogen wir davon
grüß uns die Heimat und die Lieben!
Griechenlands Sieg sei unser Lohn
Das ist als Hoffnung uns geblieben

VERMISST

Lange saß sie bei der Eiche
an der sie einst ihr Herz verlor
Stille lastet auf der Höhe
und kein Zwitschern dringt ans Ohr

Ach, wie warn sie oft gesessen
Hand in Hand, mit sich allein
schwärmten, träumten weltvergessen
wollten niemals traurig sein

Und doch, das Schicksal sah es anders
niemals kam ein Wiedersehn
irgendwo in fremder Erde
muß, man sagt, sein Grabkreuz stehn...!   (1971)

DER HELDENOFEN

Das Vaterlande stolz zu schützen
zogen sie mit frohem Mut
Hände an den grauen Mützen
edel war ihr Tun – und gut ?

Draußen auf dem Feld der Ehren
starben, kämpften ohne Sinn
um das Leid noch zu vermehren
blutend, schreiend, mit Gewinn ?

Krüppel kehrten jammernd wieder
viele kamen nie mehr heim
die Sieger gröhlen freudig Lieder
Frauen fragen: muß das sein ?

DAS ENDE

Gellten vormals Hammerschläge
durch das Tal die Höhn hinan
nie wird die Natur mehr klagen
denn der Mühen sind getan

Vormals lag der Grund im Grünen,
Leben kreucht' und fleucht' dahin
doch der Unruh wich die Stille
Nebel an den Ufern ziehn

Einst da lachten Kinderstimmen
Zwitschern hallte durch den Wald
nie wird die Natur mehr klagen
öde treibt die Welt und kalt

SCHWÄRMEREIEN

ACH KÖNNTE ICH EIN VÖGLEIN SEIN

auf deine Hand zu fliegen
ertrüge wahrlich manche Pein
deidaradei dadei
mich Augenblicke nur
in deiner Hand zu wiegen

O dürfte ich ein Windhauch sein
dein edles Haar zu streicheln
ich ließe alle Wolken sein
huifidiri fidira
dir jeden Tag und Nacht
mit meinem Lied zu schmeicheln

So wär ich doch ein lichter Strahl
dein Augenlicht zu spiegeln
ich litte gerne süße Qual
kirikiliti kirimei
mit vielem Strahlengold
die Wimpern dein zu striegeln

Mein Gott! Könnt ich ein Blümlein sein
das deine roten Lippen
mit zarten Händen an sich drücken
mein Gott! Ich würd im Himmel sein
Bambibiwimbam bimbam
sekundenlang ganz eins zu sein mit dir
dein' weichen Mund mit meiner Pracht zu schmücken
(1974)

NOCH EINEN AUGENBLICK

laß mir dein golden Haar
denk an die Zeit zurück
die einst uns beiden war

Für einen scheuen Kuss
schenk deinen Mund
nur daß ich weiter muß
macht heut mein Herz so wund

O könnt das Abendrot
doch mein Begleiter sein
litt' eine süße Not
dürft ich noch bei dir sein   (1974)

UNTER DEN LINDEN

viel Blümlein sind
die sich dort finden
sind Kinder vom Wind

58

LASS UNS ZWEI IM VOLLEN LEBEN
(Freie Übersetzung des Gedichtes C 5 von Catull)

Laß uns zwei im Vollen leben
laß dir meine Liebe geben
lüstern' Weib, dein will ich sein
laß mich in dein Kämmerlein
laß mein leidgeprüftes Herz
an deinem weiten Busen ruhn
mach mich frei von allem Schmerz
laß uns etwas Dummes tun !
Das Sittenpflaster der Pennäler
achten wir für keinen Heller
schau, die Sonne, sie geht unter
morgens strahlt sie um so bunter
doch wenn unsereins die Glieder streckt
ist er für immer abgefreckt
und es folgt ein langes Schlafen
nichts für uns, nur für die Braven
darum laß uns jetzo küssen
schenk mir hundert an der Zahl
werf ich mich zu deinen Füßen
treiben wirs noch tausendmal
auf, auf! Zum Weltrekord im Dauerschmusen!
Noch ein Knutsch auf deinen knackig-straffen Busen
total erschöpft vom Rumbusieren
kurz Luft geholt, doch schmatz
und weiter geht die Liebeshatz
dann irgendwann einmal

vergessen wir die Schäferstundenzahl
und fangen ganz von vorne an
damit wirs nicht wissen
und kein alter Bock uns neiden kann
was wir uns gaben – außer Küssen…

DER EIMER IST TOT

das Haus irrt ziellos durch die Stadt
die Strassenlaterne putzt sich umständlich
die entzündete Nase
im Abwasserkanal besaufen sich zwei arbeitslose Rohre
die Dampfmaschinen fordern vor der Fabrik höhere
Löhne
eine Autoschlange schlendert einsam durch die Luft
am letzten Baum der Stadt
hat sich die Liebe
mit einer reißfesten Nylonschnur erhän

ICH WILL NICHT VIEL VON DIR

nur Zeit für einen Augen-Blick
und schenken will ich dir dafür
mein „Danke" für das große Glück
nur Eines will ich hören
schon einmal reicht es ewiglich
denn die Erinnrung singt in Chören
den Satz: mein Schatz, ich liebe dich

ÜBERALL DA BLÜHEN ROSEN

wenn du willst – für dich allein
blühn sie dir nur in der Fremde
kannst du doch nicht glücklich sein
auch für mich blüht einsam eine Blume
die mit dem Herzen mit mir spricht
ihre Augen, die mir flüstern
mein Wasser, ach vergiß mein nicht!   (1973)

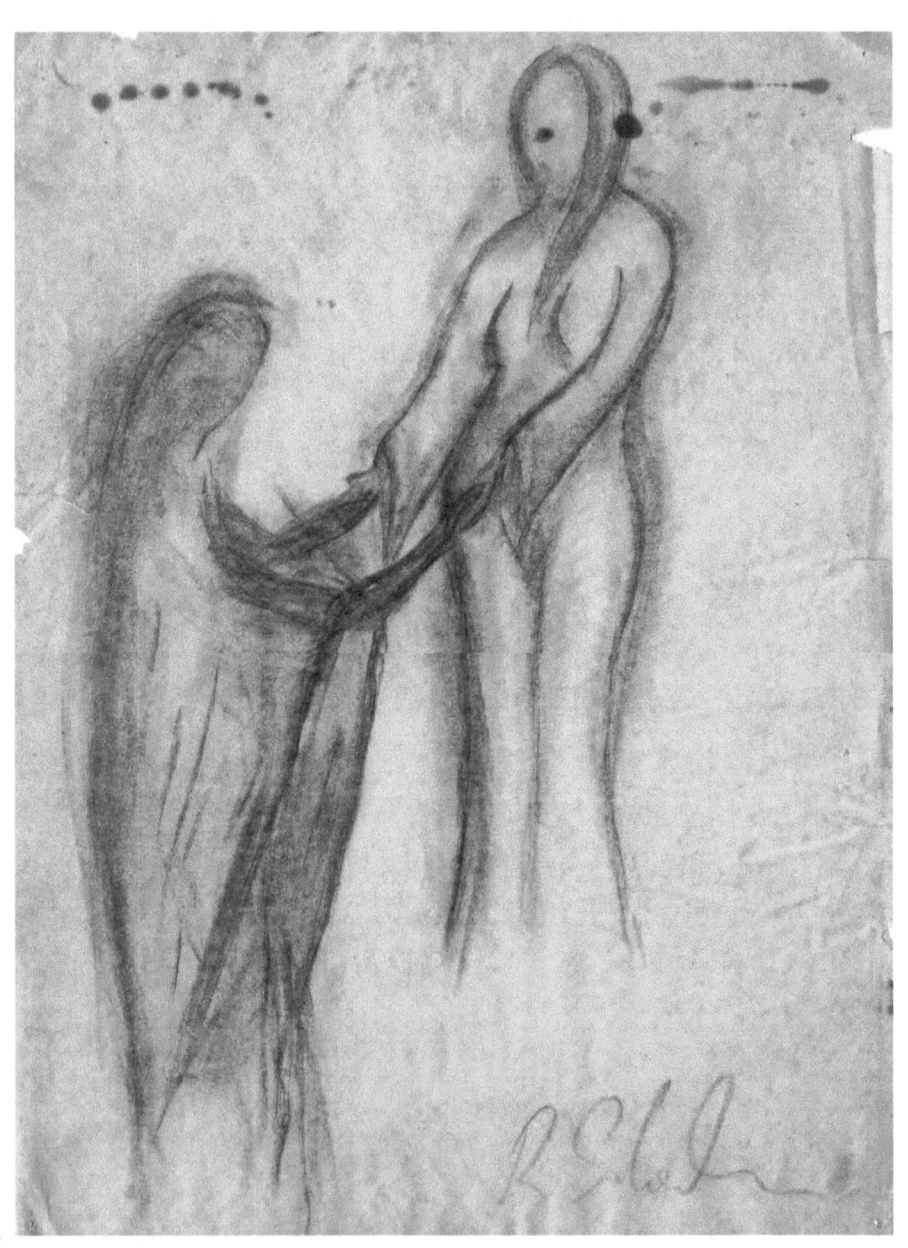

EIN TAG

Vom Abendgold zum Morgenrot
ist nur ein kurzer Traum
das Leben schläft und stellt sich tot
den Atem spürt man kaum

Vom Morgenrot zum Abendgold
schwelgt die Natur im Licht
ihr lebt, wenn ihr die Liebe wollt
nur nehmen dürft ihr nicht!

Vom Morgenrot zum Morgenrot
hängt schicksalstreu ein Band
in Lieb, so glaub, wird niemand tot
er wechselt nur das Land

ABENDGEBETE

LIEBER GOTT

laß alle Blumen
die noch wachsen
blühn
laß aus den Gefängnissen
alle Menschen fliehn
laß alle
die zu lieben suchen
ganz nah zu dir hin

ACH GOTT

warum hast du uns eine solche Erde hinterlassen?
Damit ein Alexander sich an dem Blut seiner Freunde
satt saufen kann? Oder ein Caesar ganze Völker
schlachtet?
Oder ein Korse seine Brüder opfert?
Oder aber Friedrich („der Große") sein Land für sich
verrecken läßt?
Oder ein Papierkaiser die Schützengräben mit Blut voll
laufen läßt? Oder ein Irrer aus Braunau, ein Geselle
des Teufels, so wie alle andern übrigens auch, dir
Völker zurück gab, früher als du vielleicht geplant

hast? Oder vielleicht eine Sichel die Erdkugel halbiert
und ein Hammer die eine Hälfte zersplittert, während
die andere Hälfte von Streifen erwürgt wird und dann
verlöschende Sterne den Rest zerhacken? Wann hörst
du denn endlich auf, die Welt zu nähren?
Warum kannst du nicht einsehen, daß du diesen
einzigen Fehler gemacht hast: den Menschen !?
Sag, gib mir Antwort darauf, ich hab ein Recht, es zu
erfahren!
Sag' s mir, ich will es nur wissen, nur wissen
und dann nichts mehr.

WORTSPIELE

RITTER KUNZ

Ritter Kunz trägt einem Selbstmord nahestehende
Gedanken
und stapft mit Schritten, die schon wanken und mit
Getu
geht bald ein Wagnis ein und auf den Abgrund zu
schmeißt erst mit kühlem Auge einen Blick
und dann den Körper mit Geschick
hinein in jene tiefe Leerung
wo unten er kein' Geist mehr hat
und nur der Müllmann die Bescherung

LEBENS LUST

lernt Lebens Leid
frühe Freiheit frißt viel Freud
rauhe Räuber rauchen Rüben
eure Überlebenschance: üben
hauen Heilge Humpelstilzchen
putzen Papas braune Pilzchen
wohlig warm wie Wunderspeise
schnörkelt schneidig schneeig Sch....

HOPPEL POPPEL ODER DAS GROSSE GEMOPPEL

Hase hoppel!
Stoppelfeld
Vogelpoppel

großer Held ?
dicker Knoppel
hau den Poppel
(auf der Koppel!)
flacher Hoppel
Häslein fällt

IM LEBEN

Im Leben steht so manches steif
mal aus Papier, mal ist es reif
der Kragen bei der Kommunion
der Hals nach langer Kontraktion
des Opa's Bein nach Feindbeschuß
des Bruder's Bart nach einem Kuß
von meinem Mädchen der BH
den nur die Mutter und ich sah
so manches Muffel's dicke Socken
der Schwanz, mit dem die Hunde locken
der Blick der sturen Staatsbeamten
der Hut, den sie Melone nannten
der Grog, den die Matrosen saufen
die Glieder, wenn die Jungen raufen
nur eines hab' ich nicht bedacht
weil bei diesen schönen Zeilen
viel jugendliche Ohren weilen
hab ich gedacht, läßt's weg! Gut Nacht!

DER REGEN

fröhlich glucksend plätschert plubbernd
kalt und naß auf nacktem Stein
eisig blanke Platten schrubbernd
glitschig glitzernd rein allein

bildet Blasen bald wie Blumen
tripfelt Tropfen nebenhin
schielt bald schaumig, schummrig schillernd
in Diamanten, in Satin

aus des düstren Dunkels Fernen
malen milchig matt in weiß
Schatten, schwimmend, die Laternen
Räder rollend Kreis in Kreis

weich wie Flaum und sanft wie Federn
wallt in Wellen wohlig warm
Kinder einer einzgen Mutter
klein und putzig, hilflos, arm

fröhlich glucksend plätschert plubbernd
tänzelt, um ein Netz zu weben
eisig kribbelnd, kratzt und klappert
spendet Leid und spendet Leben

HEIMAT

FÜR MEINE HEIMAT

Goldne Ähren, grüne Wiesen
sind des fränkisch' Bauern Land
auf dem Deutschlands beste Kirschen sprießen
das wird mein Heimatland genannt
kleine Dörfer, stille Weiler
mittendrin im Juraland
in den Auen werkt der Zeidler
nie hab ich schönres Land gekannt

Blaugrüne Wiesent fließt so stille
unter alten Weiden hin
und so manche morsche Mühle
hat verzaubert meinen Sinn
weit drin' in tiefer Waldeskühle
gab sich schon manch Mägdlein hin
hoch über schwangrer Blätterfülle
sah ich viel' Falken Kreise ziehn

Überm Tal auf weißem Stein
hält ein Kirchlein stille Wacht
freundlich winkt das Mägdelein
dem Burschen, ist das Werk vollbracht
ein Regenschauer wäscht d' Pflugschar rein
überm Regenbogen blitzt' und krachts
fällt in den Chor ein Kuckuck ein
sinkt auf die Höhn ganz leis die Nacht

Waldesrauschen, Vogelsang
und ein Schlenkerla in Ehren
Kinder lauschen Blecherklang
darfst du „niemals nicht" verwehren
auch Cäciliens Männergsang
wird höchsten Kunstgenuß die lehren
dereinst bei deinem letzten Gang
wird der Chor dein Grab verklären   (1973)

AUS DER TEXTSAMMLUNG „REBEN UND REBELLEN"

Das Künstlertum ist die einzige Form geistigen
Überlebens. Sie allein bietet die Möglichkeit, immer
seinen eigenen Wünschen und Idealvorstellungen
folgend aus seinem innersten Ich heraus selbständig
und in Freiheit sich und anderen etwas zu schaffen.
(1973)

LIED ZU EHREN MARIENS ALS DER SCHUTZFRAU DES TRUBACHTALS

Einst zog der Herr durch dieses Land
der Franken, die er würdig fand
in Dörfles überm Trubachgrund
ein Kirchlein hinzubaun zur Stund.

Die Leute, die zwar kärglich leben
von Steineäckern, Pendelnöten
besannen sich nun nicht erst lang
und fingen gleich zu bauen an.

Der eine wollt' den Baugrund geben,
die andern taten Steine heben
so schwitzten sie (fast) ohne Ruh,
der Rest gab seine Hand dazu.

Das Gotteshaus bald fertig stand
und grüßt nun weithin übers Land
wenns Glöcklein durch die Gärten klingt
den Arbeitern das Herze singt.

Zwei Wanderer kamen einst daher
es plagte sie der Durst gar sehr
sie wollten ihre Malkunst geben
für Kuchen und Kaffee zum Leben.

So ging man halt das Wagnis ein
und führte sie ins Käppelein
der Pinsel kam nicht mehr zum Stehn
und bald kunnt man die Früchte sehn.

Maria an der Wand, die Schöne
in hellen und in dunklen Tönen
als Schmerzens- und als Freudenfrau
und wer's nicht glaubt, der komm und schau!

Von Obertrubach, welche Ehr!
kam selber der Herr Pfarrer her
weiht das Haus nach alter Wahl
der Schutzfrau für das Trubachtal.

Maria, du sei Schutz für alles!
Frucht des Ackers und des Stalles
schenk uns Kinder reich wie Tauben
und vor allem guten Glauben!

Von der Quelle bis zur Mündung
sei des Flüßleins Lauf Verkündung!
Was ein Dichter je ersann
alles sei dein Lobgesang!   (1977)

79

DIE AUSBEUTERGESELLSCHAFT

Überall in der Welt sehen wir uns
Gesellschaftssystemen gegenüber, die den Menschen
seines Menschseins berauben und ihn tiefer
erniedrigen als ein Tier. Die moderne Sklaverei, kaum
noch zu vergleichen mit der früherer Jahrhunderte,
verfeinert in den Methoden der Unterdrückung und
Ausbeutung, brutaler und unmenschlicher, was die
Behandlung der Menschen angeht.
Ob im Westen, Osten, in China, Brasilien oder Togo, die
ganze Welt tanzt um das goldene Kalb: Profit, Geld,
Gewinn. Denn damit ist für die zivilisationsverdorbenen
Menschlein verbunden Macht, Einfluß, Freiheit, ein
schönes Leben.
Welche Umkehrung der Werte!
Heutzutage muß ich mich als Sklave verkaufen, um mir
durch das Geld einen gewissen Freiraum zu schaffen...
(Anfang eines längeren Textes)

Verzeichnis der Gedichte und Texte

Verzeichnis der Bilder

Umschlagvorderseite: Ausschnitt aus dem Bild „Der geile römische Adler", Kaffee und Wasserfarben auf Papier, 1976

S. 13 Gefangennahme Jesu, aus dem Zyklus „Die sieben Schmerzen Mariens", Plaka-Farben auf Gipsputz, Marienkapelle „Patrona Trubahae" in Dörfles bei Untertrubach, Ostern 1977. Mit diesen Bildern ist eine schöne Geschichte verbunden, denn sie entstanden in den Osterferien 1977 als „Vorbereitung" auf das Kunstabitur. Mein Schulfreund Beppi hatte mich zu dem Projekt eingeladen. Wir hatten natürlich beide schon unser Können unter Beweis gestellt, sowohl im Kunstunterricht wie auch bei großflächigen Kunstwerken außerhalb der Schule. Als Motivbogen wählten wir die sieben Freuden und Leiden Mariens. Dann gingen wir daran, uns in Skizzen an die Themen anzunähern und schließlich waren die Osterferien da. Es war kalt und zugig in der Kapelle. Ab und zu schneite es ein wenig. Eine elektrische Heizsonne wärmte uns den Rücken und mit Kaffee und selbstgebackenen Küchla hielten uns die Nachbarn aus dem Dorf bei guter Laune. An dem Zyklus „Die sieben Freuden Mariens" an der rechten Wand der Kapelle haben wir beide, völlig in unsere Kunst versunken, gemalt und gemalt, bis wir lötzlich merkten, dass uns die Zeit davon läuft. Die Osterferien waren ja nicht unendlich lang. Also beschlossen wir, dass ich auf der linken Wand der Kapelle den „schmerzensreichen" Zyklus malen sollte. Das tat ich dann auch in einer flotten expressionistischen Weise. Währenddessen vollendete mein Freund die Feinheiten wie z. B. die Hände und Gesichter beim „freudenreichen" Zyklus.

Vom Autor sind ebenfalls im Verlag tredition Hamburg erschienen:

Die Löwengeschichte - Mit dem roten Doppeldecker auf Abenteuerreise, Kinder- und Jugendbuch, 2019

Raniero S. Aquila, Schwestern der Venus, Roman, 2018

Die Bücher sind als Paperback, Hardcover oder E-Book beim Verlag und im Buchhandel erhältlich.

Zeitfracht Medien GmbH
Ferdinand-Jühlke-Straße 7
99095 Erfurt, Deutschland
produktsicherheit@kolibri360.de